AF611854

INAUGURATION DE LA STATUE

DE

THÉOPHRASTE RENAUDOT

(1586-1653)

FONDATEUR DU JOURNALISME

ET DES CONSULTATIONS CHARITABLES POUR LES PAUVRES MALADES

4 Juin 1893

SOUS LA PRÉSIDENCE

DE

M. CHARLES DUPUY

PRÉSIDENT DU CONSEIL DES MINISTRES
MINISTRE DE L'INTÉRIEUR

PARIS

ÉDITION DU COMITÉ

14, — RUE DE BEAUNE, — 14

1893

(8)

B.N.

THÉOPHRASTE RENAVDOT

(1586-1653)

INAUGURATION DE LA STATUE

DE

THÉOPHRASTE RENAUDOT

Au mois de décembre 1891, un Comité se forma à Paris pour élever à Théophraste Renaudot, né à Loudun en 1586, mort dans la capitale en 1653, un monument qui perpétuerait le souvenir de cet homme de bien, fondateur du journalisme en France et créateur des consultations charitables, de toute l'assistance publique en dehors de l'hospitalisation directe.

Ce Comité était composé ainsi qu'il suit, sans distinction de partis ou d'opinions :

COMITÉ

Président : M. JULES CLARETIE, de l'Académie française.

Conseil municipal de Paris : MM. LEVRAUD, Président du Conseil municipal de Paris; ALPHONSE HUMBERT; LAMOUROUX; LUCIPIA; STRAUSS, Vice-Président du Conseil de surveillance du Mont-de Piété de Paris.

Presse Parisienne : MM. A. HÉBRARD, Président de l'Association syndicale de la Presse Parisienne; A. MÉZIÈRES,

Président de l'Association des Journalistes parisiens; A. RANC, Président du Conseil de l'Association syndicale professionnelle des Journalistes républicains français.

Presse Départementale : MM. L. BRIÈRE et G. SIMON, Président et Vice-Président de l'Association et Syndicat de la Presse départementale de France; E. MERSON, Président de l'Association de la Presse départementale de l'Appel au Peuple; EUG. DUFEUILLE, Président de l'Association de la Presse monarchique et catholique des Départements.

Journaux : MM. H. AVENEL (*Annuaire de la Presse française*); HERVÉ (*Soleil*); JANICOT (*Gazette de France*); MAGNARD (*Figaro*); MAGNIER (*Evénement*); REINACH (*République Française*); AUGUSTE VACQUERIE (*Rappel*).

MM. POIRRIER, Sénateur de la Seine; LOCKROY, Député de Paris.

MM. BROUARDEL, doyen; CHARCOT, CORNIL, LABOULBÈNE, professeurs de la Faculté de Médecine de Paris; MAIRET, Doyen de la Faculté de Médecine de Montpellier.

M. E. DUVAL, Directeur du Mont-de-Piété de Paris.

MM. le Dr NAPIAS, Inspecteur général des Services administratifs au Ministère de l'intérieur.

CH. RISLER, Membre du Conseil de Surveillance de l'Assistance publique.

THOMAS, Directeur des *Petites Affiches*.

Secrétaire général : M. GILLES DE LA TOURETTE.

Secrétaire : M. MARCEL BAUDOUIN.

Trésorier : M. DELABRE.

Le Comité confia l'exécution du monument au statuaire Alfred Boucher, médaille d'honneur du Salon, qui s'adjoignit M. E. Mizard, architecte.

D'accord avec le Conseil municipal de Paris, il choisit pour emplacement la rue de Lutèce comme se rapprochant le plus près de l'ancienne rue de la Calandre, aujourd'hui disparue et englobée dans le périmètre de la Préfecture de police. Dans la rue de la Calandre, *sortant au Marché-Neuf à l'enseigne du Grand-Coq*, s'élevait en effet le *Bureau d'Adresse* où Théophraste Renaudot fit ses immortelles créations.

Le monument, qui mesure 7 mètres de hauteur, se compose d'un piédestal en pierre dure de Lorraine, flanqué sur sa face principale d'un coq aux ailes éployées, allusion à l'enseigne choisie par Renaudot en souvenir de son patron Esculape.

On lit sur la face postérieure du piédestal :

« Icy, rue de la Calandre, au Grand-Coq, s'élevoit le Bureau d'adresses où Théophraste Renaudot fonda la Gazette et les consultations charitables pour les pauvres malades. »

Au-dessus, dans un cartouche : « Souscription publique, 4 juin 1893. »

Sur la face latérale droite on lit cette inscription qui résume les idées humanitaires de Renaudot :

« Il faut que, en un Estat, les riches aydent aux pauvres, son harmonie cessant lorsqu'il y a partie d'enflée outre mesure, les autres demeurant atrophiées (1). »

(1) Citation empruntée au *Recueil général des questions traitées ès conférences du Bureau d'Adresses*, t. I, 43e Conf. 2e éd. Paris, 1650, in-8°.

Au-dessus, dans un cartouche : « Les consultations charitables ».

Sur la face latérale gauche :

« Seulement feray-je une prière aux Princes et auxEstats estranges de ne perdre point inutilement leur temps à vouloir fermer le passage à mes Gazettes, veu que c'est une marchandise dont le commerce ne s'est jamais peu deffendre et qui tient cela de la nature des torrents, qu'il se grossit par la résistance (1). »

Au-dessus, dans un cartouche : « La Gazette, 30 mai 1631. »

Au-dessous du coq : « Théophraste Renaudot, 1586-1653. »

La statue d'Alfred Boucher a été fondue par la maison Leblanc-Barbedienne, de Paris. Le sculpteur a rendu très exactement la physionomie, a conservé le costume et l'attitude du Gazetier en s'inspirant d'un portrait gravé du temps. Renaudot est assis : de la main droite qui tient une plume, il s'apprête à écrire les nouvelles que, la

(1) La citation exacte est la suivante empruntée à la *Gazette*: « Seulement feray-je en ce lieu *deux prières*, l'une aux Princes et aux Estats estranges de ne perdre point inutilement le temps à vouloir fermer ce passage à mes *Nouvelles*, veu.... Mon autre prière s'adresse aux particuliers à ce qu'ils cessent de m'envoyer des mémoires partiaux, etc. »,

physionomie attentive, il reçoit de ses correspondants.

*
* *

Le 4 juin 1893, à 10 heures précises du matin, M. Charles Dupuy, président du Conseil des Ministres, Ministre de l'intérieur, qui avait accepté de présider à l'inauguration de la statue, déclare la séance ouverte, aux sons de la *Marseillaise* jouée par la musique du 104e de ligne mise gracieusement à la disposition du Comité par M. le général Saussier, gouverneur militaire de Paris.

Autour de M. Charles Dupuy ont pris place : les divers orateurs dont les discours suivent ; les membres du Comité ; MM. les professeurs Hamelin et Forgue, Blavy, délégués de la Faculté et de l'Université de Montpellier ; M. le Dr Cézilly, délégué de l'Association de la Presse médicale française ; MM. G. Richault et Fréd. Mannet, représentants à Loudun, ville natale de Renaudot, du Comité de Paris; M. Louis Macon, vice-président du syndicat de la *Presse étrangère,* qui au nom de celle-ci dépose au pied de la statue une superbe palme ; M. H. Roujon, directeur des Beaux-Arts ; M. Bouvard, inspecteur général des services d'architecture de la ville de Paris ; M. Lozé, préfet de police ; M. Saincère, chef du cabinet de M. Dupuy ; MM. L. Leroy, Bordas, chefs de bureau du cabinet de MM. les Ministres de l'Instruction et des Travaux publics ; H. Desbordes ; M. le docteur Léon Labbé, sénateur; G. Bonvalot; M. Masson, directeur de l'*Avenir de la Vienne* ; M. F. Ribeyre, directeur de l'*Echo de la Brie* ; MM. Georges Montorgueil ; A. Maillet; Charles Formentin, Léon Martin, de la Presse parisienne, etc., etc.

A 10 heures 1/4, le voile qui recouvre la statue tombe aux sons de l'*Ouverture de la Muette de Portici.*

M. Charles Dupuy prononce le discours suivant :

DISCOURS

DE

M. DUPUY

Président du Conseil des Ministres

MESSIEURS,

Le gouvernement de la République s'est associé avec empressement à l'acte réparateur qui s'accomplit en ce jour. Il était temps de venger Renaudot de l'injustice de ses contemporains et du long oubli de la postérité. Après plus de deux siècles, ce devoir de reconnaissance est enfin rempli, grâce à l'heureuse campagne d'un jeune et savant médecin, dont le travail sur Renaudot est à la fois une bonne œuvre et un bon livre ; grâce à un comité d'initiative dont l'activité et le dévouement se sont inspirés de l'instinct pieux qui porte notre démocratie à recueillir avec un soin jaloux les éléments épars à travers l'histoire du patrimoine national.

L'homme dont un ciseau habile nous a rendu les traits était une de ces natures généreuses en qui l'amour du bien public s'allie à une imagination vive et féconde, sans cesse en quête de nouveautés et de réformes. Assez hardi pour se frayer des chemins nouveaux, Renaudot a parcouru victorieusement les carrières les plus diverses, soutenu par la pensée du bien qu'il allait faire, non à lui-même, qui vécut désintéressé et mourut pauvre, mais à ses compatriotes et à ses semblables.

Médecin, il secoue le joug de l'École et sans manquer de déférence aux anciens, il ne reconnaît d'autorité que celle de l'observation et de l'étude expérimentale. Il appelle les autres sciences au secours de l'art de guérir et met notamment à profit les premières découvertes de la chimie. Il propage la doctrine nouvelle à l'aide de conférences, d'une clinique, d'un laboratoire qui font de son logis du Grand-Coq établi à deux pas d'ici, dans la rue de la Calandre, une manière d'école de médecine qui ne fut pas sans porter ombrage à la traditionnelle et alors un peu rébarbative Faculté.

Renaudot ne pense pas, d'ailleurs, que la science soit le tout du médecin. Il voit, avant tout, dans la médecine une œuvre de soulagement et d'humanité. De là l'établissement des consultations charitables, fondées par lui en 1640, premier essai de l'Assistance publique à domicile, car non seulement les malades recevaient une consultation dans la maison du Grand-Coq, mais les pauvres étaient soignés gratuitement et gratuitement pourvus des remèdes prescrits. Peut-être Renaudot abusa-t-il un peu de l'antimoine, qui était en ce moment fort à la mode ; mais, en dépit du subtil Guy Patin, il usa peu de la saignée, ce dont il faut le louer.

Les consultations gratuites sont le principal titre de gloire de Renaudot ; elles ne sont qu'une partie de son œuvre.

Au retour d'un voyage en Italie, il essaye de naturaliser chez nous l'institution des Monts-de-Piété conçus par lui tout à la fois comme un refuge contre l'usure et un recours contre la misère. Il s'avisa de créer un *Bureau d'adresses* et *de rencontre* à l'aide duquel il facilitait le placement des personnes en quête de travail, en renseignant sur leur demeure, leur position, leur moralité, ceux qui pouvaient les employer. De là sont sortis les Bureaux de placement, puisqu'il faut les appeler par leur nom. Leur fonctionnement comporte plus d'un abus et nécessite plus d'une réforme, mais le principe en est juste, et en dépit des reproches encourus, ils ont rendu d'inappréciables services tout ensemble au salaire et au capital.

A ces créations il faut ajouter celles d'un bureau de *ventes à grâce, troques et rachapt* de meubles et autres biens quelconques, fondé en 1637 et qui fut le premier Hôtel des Ventes.

On doit conclure de ces faits que Renaudot eut au

plus haut degré le sens de la sociabilité, je dirai presque de la solidarité. Nul n'a fait plus que lui pour rapprocher les hommes les uns des autres, pour mettre le soulagement à la portée de la misère ou de la souffrance, pour mettre la satisfaction légitime à la portée des intérêts et des besoins.

C'est de cet esprit de rapprochement, d'échange de services et d'idées qu'est née cette œuvre géniale de la *Gazette* créée d'abord par Renaudot pour alimenter de renseignements son bureau d'adresses et devenue peu à peu un organe d'informations et, pour tout dire, un journal. La *Gazette*, née en 1631, est le premier en date de nos journaux : Renaudot eut, dès la première heure, le pressentiment de la puissance future de l'instrument qu'il créait ; il devina dès la première heure la force et l'influence de la Presse qui, selon sa propre expression, gravée sur l'un des bas-côtés de sa statue, « tient cela de la nature des torrents qu'elle se grossit par la résistance ». Ce n'est pas dans une république, ce n'est pas sous un régime démocratique qu'il est nécessaire de célébrer la presse ; il suffit de dire qu'elle est l'indispensable organe de la vie publique dans un pays libre. Je salue dans Renaudot le créateur de cet organe et le père du journalisme français.

J'apporte à cet homme de bien, à ce précurseur ingénieux et fécond, à ce novateur raisonnable et heureux, l'hommage du gouvernement de la République, et plus particulièrement l'hommage du ministère de l'intérieur, de qui relèvent actuellement les œuvres par lui fondées.

Il fut auprès du cardinal de Richelieu, son protecteur, ce que sont aujourd'hui auprès du ministre de l'intérieur, le directeur de l'Assistance publique, le directeur du *Journal officiel*, le directeur du Mont-de-Piété et les fonctionnaires préposés à la surveillance et au contrôle des bureaux de placement et des agences de publicité. Renaudot a suffi à ces lourdes tâches, et c'est merveille de voir comme il les a remplies.

Aussi, ne saurions-nous, Messieurs, nous incliner avec trop de gratitude et trop d'admiration devant un homme dont les travaux et les créations honorent et servent chaque jour la France et l'humanité.

M. Jules Claretie, membre de l'Académie française, président du Comité, prend la parole au nom de la Presse française et remet la statue à la ville de Paris.

DISCOURS

DE

MONSIEUR JULES CLARETIE

Monsieur le Président du Conseil,

Votre présence au milieu de nous est la consécration de notre œuvre. Le lettré que nous aimons en vous a voulu s'associer à ce retour vers un glorieux passé de notre histoire ; l'homme politique, ferme, loyal et courageux, a voulu honorer le penseur militant et sans compromissions que fut Renaudot, ce médecin qu'eût épargné Molière, ce publiciste, j'allais dire cet encyclopédiste qu'eût applaudi Diderot.

Monsieur le Président,

Le Comité vous prie d'accepter ses plus sincères remerciements.

Monsieur le Président du Conseil municipal,
Monsieur le Préfet de la Seine,

J'ai la bonne fortune — et c'est un grand honneur pour moi — de remettre à la ville de Paris, au nom du Comité constitué pour célébrer la mémoire de Théophraste Renaudot, la statue du savant, du philanthrope et du journaliste que nous avons voulu glorifier. A l'endroit même où ce précurseur et ce grand homme de bien, mort pauvre, comme la plupart des bons serviteurs de l'humanité, donnait gratuitement ses consultations charitables, son image s'élèvera désormais, disant à la postérité et apprenant aux passants que, dans le vieux Paris disparu, en une demeure exista jadis, à l'enseigne du Grand-Coq, — le Coq d'Esculape — où les pauvres malades trouvaient appui et conseil, un humble logis d'où partit aussi, — il y a eu le 30 mai dernier 262 ans et 5 jours — le premier numéro de la première gazette qui devait faire naître le journalisme en France.

Ainsi le Paris nouveau se plaît à célébrer les renommées qui ont illustré son histoire. Ce ne sont pas toujours les Parisiens que la grande cité convie à prendre place dans son Panthéon en plein air ; Paris a pour ses fils glorieux la façade de l'hôtel de ville ; il a ses places publiques pour ces enfants de la province qui sont venus lui apporter leur dévouement, leur labeur. On s'étonne du rayonnement, du magnétisme de ce grand Paris. Paris, Messieurs, attire les génies de la province parce qu'il les consacre et les sacre. C'est ici le moule immense où le talent verse sa lave, mêlée parfois de sang et de larmes, et cette coulée généreuse sort un jour comme aujourd'hui de ce moule et se fait statue.

Théophraste Renaudot était Poitevin. C'est un enfant du Poitou qui a eu l'idée de lui donner à Paris ses lettres de naturalisation par la pierre et le bronze. Historien du vieux médecin gazetier, M. le docteur Gilles de la Tourette a mis tout son zèle, toute sa généreuse ardeur à glorifier la mémoire de l'homme dont son érudition avait évoqué et revivifié l'image. C'est lui qui a fait passer dans l'âme de M. Alfred Boucher, l'admirable sculpteur de *la Terre*, cet enthousiasme pour Renaudot, qui nous vaut aujourd'hui un chef-d'œuvre dont notre cité aura le droit d'être fière.

Il faut du reste reconnaître que si les contemporains de Théophraste Renaudot l'ont laissé mourir dans la pauvreté, *gueux comme un peintre*, — ce fut sa seule oraison funèbre, — ses admirateurs d'aujourd'hui ont vaillamment payé au brave homme la dette de la reconnaissance et du souvenir. Ce n'est pas seulement le docteur Gilles de la Tourette et M. Boucher qui ont donné, le premier sa science et son temps, le second son talent à l'œuvre entreprise. Le Comité, composé sans distinction de parti ou d'opinion, a fait de son mieux. Le Ministère de l'instruction publique et des beaux-arts, le Conseil municipal et le Conseil général de Paris, la Faculté de Montpellier, le Mont-de-Piété, d'autres établissements encore ont souscrit avec un rare empressement, et la statue que le maître sculpteur pétrissait sans compter ce que lui rapporterait sa peine, s'est trouvée payée grâce à la généreuse abnégation de tous ceux qui ont collaboré à notre œuvre. Oui, grâce à cette collaboration de l'art et du dévouement, la statue de Renaudot peut être érigée aujourd'hui. La voici, Messieurs. Je le répète, Paris compte un chef-d'œuvre de plus dans le Musée de la rue qui est le Louvre de la foule. On se plaint quelquefois que le nombre des statues qu'on élève soit trop grand, c'est comme si l'on se plaignait que la reconnaissance d'un peuple soit trop vide. On pourrait regretter, au contraire, l'oubli où la nation laisse parfois les grands citoyens, les critiques inspirés et les bons serviteurs de la Patrie.

Celui-ci fut un modeste serviteur du bien. Mais ce fut un devin des temps nouveaux. On vous dira tout à l'heure ce qu'il a fait pour la science, pour l'Assistance publique, pour les humbles, pour les petits à qui il distribuait les remèdes du corps : opium, antimoine ou quinquina. Je voudrais souligner la pensée du sculpteur en vous montrant Théophraste Renaudot s'inquiétant des remèdes de l'esprit.

M. Boucher représente Renaudot assis à sa table de travail, près de la presse d'imprimerie, et prêtant l'oreille aux bruits du dehors, aux nouvelles du carrefour, aux inquiétudes et aux espérances de la foule. C'est qu'en effet ce médecin fut un publiciste, et son existence est comme résumée dans les inscriptions gravées sur son piédestal, et où, tour à tour, Renaudot philanthrope parle au nom de la fraternité des hommes, et gazetier au nom de la liberté des écrits.

Journaliste devenu administrateur, ou plutôt administrateur demeuré journaliste de cœur, je suis très fier de saluer le premier l'image de cet ancêtre honnête et bon. Ce pouvoir incroyable, invincible de la presse, c'est pourtant cet homme assis là et la plume à la main qui l'a deviné dans notre France. L'humble nouvelliste dont les colporteurs offraient çà et là, pour quelques liards, les feuilles de papier, il y a deux siècles, se doutait-il bien que, simple *greffier de l'opinion*, comme il s'appelait, il serait salué un jour comme le fondateur d'un Etat dans l'Etat ? Je l'ignore. Mais, du moins, Renaudot savait pertinemment qu'en écrivant l'histoire de la semaine, l'histoire même du jour, il était un ouvrier du progrès, un artisan de la vérité. Cette vérité du moment, il laissait du reste, au temps, à l'avenir, le soin de la corriger.

Il avouait qu'il se peut mêler bien des erreurs aux querelles des vivants. La seule voix du vrai survit au silence des tombes. Médecin, Théophraste Renaudot savait aussi qu'il se mêle des poisons aux remèdes qui sauvent. Mais les toxiques eux-mêmes peuvent devenir des remèdes, et le journalisme panse et cautérise aussi les plaies qu'il met à nu. C'est la lance d'Achille, a dit Camille Desmoulins, qui guérit les blessures qu'elle a faites. Et, pour arriver à cette guérison, que faut-il ? A l'hôpital, le grand air salubre ; au journalisme, la liberté. La calomnie s'évapore à l'air comme le miasme. La méthode antiseptique est souveraine aussi en matière de publicité. Le remède aux périls de la liberté, ce sont les bienfaits de la liberté.

Il le disait, ou plutôt le prédisait, l'homme que nous saluons aujourd'hui : le journalisme est de la nature des torrents qui grossissent par la résistance. Malgré son avis, le temps allait venir où les gazetiers qui déplairaient seraient fustigés non loin d'ici, sur le Pont-Neuf, et promenés avec deux écriteaux portant devant et derrière cette inscription, qui était alors comme la marque infamante des gens de plume : *Gazetier à la main.* Le temps allait venir où le prince de Condé, gouverneur de Bourgogne, constaterait que la Bastille était « pleine de ces nouvellistes, et qu'elle ne les rendait pas plus sages ».

Aujourd'hui, ce qui peut rendre les journalistes plus sages, c'est le jugement de l'opinion. L'opinion, dont Renaudot, il y a deux siècles, notait la faible voix naissante, les vagissements, si je puis dire, l'opinion parle haut aujourd'hui et gouverne, et le fond même de l'opinion est un fond d'absolue justice. Les journalistes croient la guider, et ils la suivent. Nous jugeons les hommes et les choses, les gouvernements et les Etats. Nous avons raison ; mais, à notre tour, l'opinion nous juge : elle honore ceux qui l'avertissent en l'aimant, elle méprise ceux qui tentent de l'égarer en l'exploitant.

Le journalisme, tel que l'a conçu Renaudot et et quel

l'ont pratiqué tant de braves gens, morts pauvres, eux aussi, comme le grand gazetier, après avoir bâti la renommée d'autrui et *fait les autres*, c'est le journalisme de l'injustice combattue et du mensonge démasqué ! « Je suis secrétaire de la vérité, non serf du mensonge. » Que cette parole du journaliste de 1631 soit la devise de ses petits-fils. Et, quand on passera devant la statue que nous offrons à Paris, on pourra dire : Celui-là s'était tracé un programme que devraient suivre publicistes et lecteurs ; donner le remède et la consolation à ceux qui souffrent, la science à ceux qui ignorent, prêter sans rien espérer, se dévouer sans rien attendre, écrire sans rien craindre !

A ce métier, Messieurs, on peut être calomnié, méconnu ou, qui pis est, ignoré de ses contemporains, mais on est aimé de ceux qui vous entourent, et, comme on se consolerait d'une route pénible en regardant au loin une étoile, on peut se dire qu'on a comme revanche lointaine, là-bas, dans le fond des siècles, après la pierre délaissée du tombeau, le bronze acclamé de la statue et les applaudissements de l'avenir !

DISCOURS
DE
M. ALPHONSE HUMBERT

Président du Conseil municipal de Paris

Monsieur le Président,

La ville de Paris reçoit avec reconnaissance ce monument élevé à Théophraste Renaudot. Au nom de la grande cité, je remercie M. le président du Conseil de la marque de haute bienveillance qu'il a donnée à ses représentants en acceptant la présidence de cette cérémonie ; je vous remercie vous-même, mon cher maître ; je remercie le Comité qui vous entoure, particulièrement le docteur Gilles de la Tourette, un des professeurs de notre enseignement municipal, qui a pris l'initiative de cette nécessaire réhabilitation. Je remercie le puissant artiste dont les mains savantes ont sculpté l'image de ce grand ancêtre pour que nous l'érigions au cœur de la cité qui lui doit partie de ses organes essentiels, de son activité et de sa splendeur morale.

Théophraste Renaudot a eu cette insigne gloire de concevoir de décisifs progrès et de les réaliser.

Dans la confusion de toutes choses, frappé par le spectacle des injustices sociales, des souffrances des humbles, de l'inefficacité de la bienfaisance officielle et privée, convaincu, d'ailleurs, que des millions d'êtres contraints et malheureux vivaient sur des malentendus, il improvisa, en tirant l'initiale idée de son génie propre, — peut-être nourri de Montaigne — le projet du Journal, celui du Dispensaire, du Bureau de placement, du Mont-de-Piété. Esprit éminemment rationnel, actif, entreprenant, audacieux, il exécutait aussi vite qu'il avait conçu : la réalisation, chez lui, était la fille robuste du rêve.

Si ardent à fonder œuvre qui durât, si ambitieux de voir lever en bonne terre les grains féconds qu'il semait, il estima plus que toute autre ville, Paris capable de se prêter, d'enthousiasme et de génie, à de si difficiles essais. Et voilà comment ce Poitevin, longtemps retenu par les douces amorces du lieu de sa naissance, se laissa capter par la grande ville, comment j'ai l'enviable honneur de recevoir sa statue, comment Paris salue aujourd'hui dans Théophraste Renaudot, un de ses plus nobles, un de ses plus vaillants fils d'adoption.

Cette statue nous manquait. Si quelqu'un méritait l'apothéose de la place publique, c'était bien ce précurseur, ce génie bienfaisant et pratique, hanté par toutes les réformes sociales dont l'étude est notre pressant souci et qui, sur les bancs du Conseil, s'il y pouvait être assis, serait pour nous un guide sagace que nous aurions grand profit à écouter. Bien des progrès en effet, dont il a indiqué les lignes et commencé la mise en œuvre, demeurent inachevés, et c'est notre labeur quotidien de poursuivre sa besogne vaste et féconde.

Cette ville de son choix, il l'aimait, il la voulait belle et parée, employant ses premiers efforts à assurer son bon état sanitaire par le nettoyage de ses rues et de ses places publiques, fournissant par là même du travail aux misérables invalides des dernières guerres, comme nous tentons, par les mêmes moyens et pour le même objet, durant les grands hivers, d'occuper les invalides du chômage.

Le chômage, la misère, c'est l'ennemi à combattre en tout temps; nous ne sommes pas à bout des luttes. Pour soulager les malades, les vieux, les infirmes, Renaudot s'employa toute sa vie, et c'est son meilleur titre à notre admiration. Il existait bien alors une manière d'assistance publique, mais que son fonctionnement était barbare ! Un honnête vouloir sans règle, un gaspillage sans freins des deniers provenant de la charité publique, l'impéritie et l'imprévoyance partout, des hôpitaux qui étaient des foyers d'infection, l'abjection des soldats sans solde traînant dans les rues leur paresse et leurs violences, la peste naissant des guenilles qui s'accumulaient et Paris devenant un charnier et un cloaque. Il fallait aller au plus pressé. Aux hôpitaux coûteux et insuffisants, Renaudot, par ses «consultations charitables», substitua les dispensaires dont la ville de Paris, qui en a reconnu la supériorité, s'efforce actuellement d'augmenter le nombre. Ne vaut-il pas mieux, en effet, multiplier et répartir par la ville ces petits centres hospitaliers où le travailleur est certain de trouver en tout temps conseils et médicaments utiles, où souvent on étouffe dans l'œuf une maladie grave, que d'hospitaliser à grands frais un malade qui, chez lui, parmi les siens, guérira rapidement? Les briques du logement ouvrier sont d'un amortissement moins lourd que les pierres de taille de l'Hôtel-Dieu. C'est à Renaudot que nous devons ce qu'on appelle aujourd'hui les « consultations externes » et toute l'assistance à domicile, embryon d'une organisation délicate qui portera un jour, nous l'espérons, tous ses fruits.

Les réformes s'appellent, s'enchaînent. Par sa philanthropie éclairée, Renaudot n'était pas seulement, comme disait Pierre Ramus, « un bon panseur de maladies », il était aussi administrateur diligent. Si les pierres parlaient, en ce quartier de Paris, elles nous diraient à quelles nécessités répondait le « Bureau d'adresses », cet intermédiaire entre l'employeur et l'employé que Renaudot avait voulu gratuit pour l'employé, en cela mû par une conception logique des choses que nos syndicats ouvriers et nos bureaux de placement municipaux tentent avec raison de faire revivre.

Renaudot ne se bornait pas à donner occupation et salaire aux « sans travail » de son temps ; il entendait encore venir au secours du travailleur momentanément vaincu. Il concevait le Mont-de-Piété, et, dans cette création nouvelle encore, il apportait cette largeur de vues qui était en quelque sorte sa marque de fabrique. En tout, cet esprit méthodique, gardé du bleu chimérique des systèmes et de la pédanterie des abstractions, vit loin, haut et clair.

Ses dispensaires ne furent pas seulement des lieux de consultation à l'usage des pauvres ; ce furent autant de centres d'activité intellectuelle, ramifications de cette « académie gazétique », première réalisation de l'enseignement libre. J'insiste sur ces « conférences du Bureau d'adresses », établies sur des bases vraiment démocratiques, où chacun pouvait venir librement discuter. Renaudot voulait qu'on n'y parlât que le français : « De peur d'irriter les esprits aisés à eschauffer sur le fait de la religion », il renvoie en Sorbonne tout ce qui la concerne. Plus de *Magister dixit.* « L'expérience journalière fait voir, dit-il, qu'il n'y a rien de plus ennemy de la science que d'empescher la recherche de la vérité qui paroist principalement en l'opposition des contraires ». Ce haut esprit, affranchi de tout dogmatisme, Renaudot l'a porté dans ses multiples conceptions et surtout dans la plus célèbre de toutes : le journal. Il ne l'inventait pas au sens strict du mot ; mais il en donnait le premier la véritable formule. De ce qui n'était d'abord qu'un commode instrument d'échange pour la curiosité, il faisait ce qui allait devenir école ouverte à toutes les hardies nouveautés : l'instrument d'affranchissement et d'émancipation. Cette petite feuille, la *Gazette*, c'est, en germe, l'admirable et souveraine puissance qui gouverne aujourd'hui le monde, et dont l'expansion apporte la liberté, parce qu'elle en vit.

Renaudot ne s'y méprenait point quand il synthétisait ainsi le rôle de la Presse: « Le journal tient cela de la nature des torrents qu'il se grossit par la résistance. »

Aussi, lorsque le grand lutteur fut vaincu après des péripéties douloureuses, qu'il se vit dépouillé du droit de faire le bien, que sa charité fut déclarée illégitime, personne n'osa lui enlever la direction de la *Gazette* dont le peuple, qui devait à coups de pamphlets et de sifflets faire la Fronde, n'eût pas toléré la suppression.

Créateur de génie, philanthrope pratique, socialiste avant le mot, initiateur de réformes vitales, maître et modèle de son vivant, bafoué et méconnu, — un seul de ces titres suffirait à la gloire de celui dont la grandiose figure revit en ce bronze superbe que battront désormais les vents parisiens souffleurs de révolutions et semeurs de progrès.

DISCOURS

DE

M. POUBELLE

Préfet de la Seine

Au moment où la ville de Paris reçoit solennellement la belle statue qui lui est généreusement offerte, le Préfet de la Seine tient à se joindre au Président du Conseil municipal pour adresser des remerciements au comité dont l'initiative et la persévérance ont doté Paris de ce monument, des félicitations au jeune sculpteur Alfred Boucher qui, par son œuvre expressive, fera vivre la personnalité si attachante de Théophraste Renaudot au milieu de ce peuple dont il a compris les besoins et tenté de soulager les misères.

La physionomie multiple et diverse du héros de cette fête est d'une originalité singulière.

Elle échappe aux catégories et sort violemment et non sans scandale des cadres officiels.

Né riche et bourgeois, il n'a souci que des pauvres gens ; médecin, il ne rêve que consultations gratuites ; son vrai client à lui c'est la société maladive et souffrante qui se débat avec angoisse sous ses yeux.

Le pauvre n'a ni santé ni crédit : Renaudot entreprend de lui donner l'un et l'autre. Il institue un bureau de consultations et une agence de placement et de prêts sur gages. Il est ainsi et dès le commencement du XVIIe siècle, presque à lui seul et pour son propre compte, le metteur en œuvre de ces deux organes essentiels aujourd'hui à notre civilisation et qui lui faisaient alors à peu près complètement défaut : l'Assistance publique et le Mont-de-Piété.

A ces deux titres, qui ne sont pas les moindres, Renaudot m'appartient. Je laisse à de mieux qualifiés le publiciste officiel et le médecin qui complètent son personnage.

Renaudot, docteur de l'Ecole de Montpellier et pratiquant la médecine à Loudun, sa ville natale, en avait été tiré par l'influence du Père Joseph et de Richelieu, puis nommé médecin ordinaire de Louis XIII.

En arrivant à Paris, il avait été frappé de l'affluence des malheureux qui recherchaient des emplois et qui, après avoir dépensé le peu qu'ils possédaient, en payement de bienvenues et d'autres frais inutiles, étaient poussés à la mendicité et au crime ou, malades de misère, venaient encombrer les hôpitaux.

Il établit alors un Bureau d'adresse et de rencontre où chacun pouvait donner et recevoir des avis « de toutes les nécessités de la vie et société humaine ».

L'inventaire de son bureau d'adresse ne contenait pas alors seulement la liste des offres et demandes d'emplois, on s'y occupait aussi de la réclamation des objets perdus, des adresses d'avocats en quête de causes, de la liste des études de procureur et de notaire à vendre, des apprentis cherchant maîtres et réciproquement, de maisons à louer, de garde-malades ; on y mettait en relations les pauvres honteux et les personnes charitables, etc.

Et pour ce service, Renaudot prélevait, à l'effet de payer les nombreux commis du bureau, un droit qui ne pouvait excéder trois sous par enregistrement, sans jamais rien exiger des pauvres. Tel était le programme.

Pour juger de la variété d'opérations, on peut relever dans une des feuilles volantes distribuées par le Bureau, sous le n° 35, l'offre de vente d'un jeune dromadaire, à prix raisonnable !

Renaudot n'était pas seulement préoccupé de prévenir la misère en procurant du travail aux intéressés par le moyen de son « inventaire du bureau d'adresses », il avait encore proposé au lieutenant civil Le Jay, comme moyen de soulagement immédiat : « l'employ de tous les pauvres valides de cette ville et fauxbourgs qui devaient, entre autres choses, nettoyer les rues et être entretenus en partie des deniers qui se levaient pour les boües. »

Ces moyens furent trouvés raisonnables et approuvés par le Châtelet. Le roi, pour lui témoigner sa satisfaction, le 14e jour d'octobre 1612, concéda, audit Renaudot et aux siens, la permission et privilège, exclusivement à tous autres, « de faire tenir bureaux et registres d'adresses et de toutes commodités réciproques de ses sujets en tous lieux de son royaume : ensemble, de mettre en pratique et établir toutes les autres inventions et moyens par lui découverts pour l'employ des pauvres valides et traitement des invalides et malades, et généralement tout ce qui sera utile et convenable au règlement desdits pauvres. »

Le Conseil du roi renvoya l'examen de ce brevet à ses commissaires, et après mûre délibération, cinq ans plus tard, émit un avis favorable, en sorte que, le 3 février 1618, Renaudot fut investi du titre de « commissaire général des pauvres du royaume » ; mais le prévôt de Paris s'opposa à l'exécution du brevet, qui ne put sortir effet que par arrêt du 9 août 1629, 17 ans après son obtention, grâce à l'intervention de Richelieu.

Cette laborieuse procédure fera peut-être dire à de méchants esprits qu'il n'y a pas que les idées de Renaudot qui soient modernes !

Renaudot avait été conduit à annexer à son bureau d'adresses, des bureaux de « vente à grâce, troques et rachat de meubles et autres biens quelconques ».

Mais les gens besogneux pouvaient désirer ne pas faire une aliénation : le prêt sur gage n'est-il pas le moyen le plus rapide, le plus discret, le plus sûr, le plus avantageux, le plus honorable de se procurer les fonds dont on a momentanément besoin ? Renaudot le comprit, et, à l'exemple des Flandres et de l'Italie, où il avait voyagé, il créa un véritable Mont-de-Piété. Il faut l'entendre expliquer lui-même les avantages de sa création au cardinal de Richelieu :

« Monseigneur, l'expérience a appris que, dans les affaires de la vie, un secours venu à propos avait toute l'importance d'un trésor. L'ouvrier, faute d'une avance, ne peut prendre maîtrise et est poussé par le découragement, s'abandonne à l'ivrognerie, mère de la misère et des maladies ; le marchand, l'entrepreneur, faute d'un petit pécule, succombent à la première gêne qu'ils éprouvent, ou ne peuvent réaliser soit un bon coup de commerce, soit une commande. Je n'en finirais pas,

Monseigneur, si je voulais énumérer toutes les circonstances où un secours venu à propos vaut mieux, je le répète, qu'un véritable trésor. Eh bien ! Monseigneur, j'ai donné au peuple cette ancre de salut ; je lui ai fourni les avances dont il pouvait avoir besoin ; mais, comme une fortune royale n'y suffirait pas, je n'ai fait qu'un prêt de ces avances, et, me conformant aux règles de ces sortes de transactions, je n'ai fait que prendre les mesures nécessaires pour garantir et accroître les capitaux que j'affectais à ces prêts ; je prélève 3 0|0 d'intérêt, un faible droit d'enregistrement, et j'exige, comme sécurité de mon prêt, un gage dont je ne puis disposer qu'après l'expiration des échéances convenues entre l'emprunteur et moi. Je ne suis point, Monseigneur, l'inventeur de ce système ; depuis longtemps les Lombards le pratiquent en Italie, où le peuple reconnaissant l'appelle Mont-de-Piété, le mettant ainsi au rang des œuvres de la charité chrétienne. »

Ce serait méconnaître les allures du progrès d'imaginer quel'institution bienfaisante de Renaudot fut dès lors continuée.

Comme les paroles gelées de Rabelais, l'exemple donné par Renaudot sommeilla longtemps, et c'est seulement le 9 septembre 1777 que les lettres patentes de Louis XVI instituèrent le Mont-de-Piété de Paris.

L'institution bienfaisante dont Renaudot avait été parmi nous l'initiateur a rapidement prospéré : en 1887, il existait en France 42 Monts-de-Piété dans des villes dont la population totale est de plus de cinq millions et demi d'habitants, et les capitaux engagés dans les prêts et les renouvellements atteignent aujourd'hui 100 millions. On peut juger par là du nombre et de l'importance des services rendus.

L'habile directeur du Mont-de-Piété de Paris, M. Duval, membre de votre Comité, m'a proposé, il y a quelques années, de faire désinfecter tous les objets portés au Mont-de-Piété. Cette épuration, qui a été appliquée, dans une seule année, à 60,000 objets de literie, a certainement contribué à la diminution des maladies contagieuses. Renaudot avait eu, lui aussi, un pareil souci, et son biographe, M. Gilles de la Tourette, nous apprend que les enquêteurs du Bureau de vente avaient à rechercher si les choses ne sortaient pas « d'un lieu infecté de quelque maladie contagieuse ».

Notre hôtel des ventes de la rue Drouot aurait, sous ce rapport, à prendre encore des leçons d'hygiène de Théophraste Renaudot.

Celui-ci ne se contentait pas de mettre les pauvres en relations avec ceux qui étaient disposés à des aumônes, ni de leur donner gratuitement avis « des commodités et occasions qu'il y aura de gagner leur vie, *la plus charitable aumône qu'on puisse départir* » ; il entreprit encore de les soulager dans leurs maladies. Il avait voulu remédier à la plus grave de toutes, celle que Panurge appelait « faute d'argent », par les *prêts sur gages* ; il tenta de les guérir des autres par l'établissement de ses « *consultations charitables* ».

L'article 21 de l'inventaire du Bureau d'adresses, publié en 1630, est marqué de ce sens profond des besoins des pauvres qui nous a déjà frappés lorsque Renaudot expliquait à Richelieu les raisons du prêt sur gages.

« Les pauvres artizans et aultres menues gens ma-
« lades qui, faulte d'une saignée ou de quelqu'autre
« léger remède, encourent souvent de longues et péril-
« leuses maladies qui réduisent souvent leur famille à
« l'Hôtel-Dieu, trouveront icy l'adresse de médecins,
« chirurgiens et apothicaires, qui sans doute ne vou-
« dront pas céder à d'autres l'honneur de consulter,
« soigner et préparer gratuitement quelques remèdes à
« ces pauvres gens qu'on leur adressera. »

L'institution dont Renaudot vient de tracer le programme a depuis rapidement prospéré. L'importance en fut alors considérable. Dans la grande salle siégeaient une quinzaine de médecins « divisés en plusieurs tables » qui séparément ou réunis selon la gravité des cas remettaient aux malades une ordonnance écrite que les apothicaires présents exécutaient de suite. Les pauvres recevaient gratis les médicaments, souvent avec quelque secours; les riches donnaient ce qu'ils voulaient. Il semble qu'à cette période la situation personnelle de Renaudot était prospère, puisqu'il proposait d'établir à ses frais, dans le faubourg Saint-Antoine, un hôtel des consultations charitables, afin d'y recevoir les malades qui ne pouvaient être recueillis par l'Hôtel-Dieu.

Pas n'est besoin pour accroître le mérité des consultations charitables de supposer qu'elles étaient chose inouïe et jusqu'alors sans précédent.

Des lettres patentes de François Ier, datées de novembre 1544, attribuent au prévôt des marchands et aux échevins de la ville de Paris, la surintendance et l'entretien de la communauté des pauvres dans l'enceinte de Paris ; nombre d'œuvres paroissiales exerçaient de tout temps la charité ; de temps immémorial les chefs du service de santé des hôpitaux ont donné des consultations aux malades indigents du dehors. Dès 1561, dans un petit bâtiment dépendant de l'église Saint-Côme, les chirurgiens du célèbre collège de ce nom venaient chaque lundi donner aux pauvres blessés des consultations gratuites, et Renaudot, reçu en 1606 docteur à Montpellier, étudia, quelques années plus tard, la chirurgie, à ce même collège de Saint-Côme qui, à l'inverse de la Faculté, accueillait les protestants.

Mais, pour n'être pas isolée, l'entreprise de Renaudot n'en est ni moins grande ni moins honorable. La Faculté de médecine, qui en fut piquée au vif, s'empressa pourtant de l'imiter et, dès le 27 mars 1639, elle faisait de son côté afficher, et le jour de Pâques 1641 annoncer au prône, que des consultations gratuites auraient lieu chaque semaine, et que des médicaments et remèdes gratuits seraient en même temps distribués.

Renaudot se crut-il atteint par l'insistance de la Faculté à signaler la gratuité de son assistance ? Il est du moins certain que cette imitation de sa charité lui parut un véritable plagiat ; il protesta avec une vivacité qui témoigne de la blessure faite à son amour-propre, sinon à ses intérêts. Les rondeaux satiriques du temps ne se piquèrent à son égard ni de justice ni de réserve. Les coups les plus cruels lui vinrent des médecins, ses confrères ; et le fécond et bienfaisant créateur de tant « d'inventions innocentes » mourut en 1653, dans l'amertume et dans la pauvreté, « gueux comme un peintre », dit son ennemi Guy Patin, triomphant encore sur son cadavre.

Après un long oubli, la postérité se souvient enfin de cet enfant du siècle né avant terme, en qui nous sentons un frère bien plus qu'un ancêtre.

Par un équitable retour, ce grand méconnu a rencontré de nos jours des panégyristes aussi ardents mais plus éclairés que ne l'avaient été autrefois ses détracteurs. Il survivra de Renaudot ce qui mérite de survivre. Et comme le bronze de cette statue a rejeté, en sortant du creuset, sa gangue et ses scories, Renaudot n'offrira à notre juste reconnaissance que les traits d'un génie bienfaisant inspiré par le désir persévérant et fécond de venir en aide aux pauvres et aux souffrants.

DISCOURS

DE

M. BROUARDEL

Doyen de la Faculté de Médecine de Paris

Monsieur le Président,

Mesdames, Messieurs,

En prenant la parole pour exposer les titres de gloire de Théophraste Renaudot, le Doyen de la Faculté de Médecine éprouve quelque embarras. Il lui semble entendre frémir d'indignation les mânes de ses ancêtres, les doyens et professeurs de l'antique Faculté de Médecine.

Si les échos de cette séance parviennent jusqu'à eux, que penseront-ils de leurs fils ? Eux, si jaloux de leurs privilèges et prérogatives ; eux, qui, pendant des siècles, ont lutté pour les défendre et interdire l'accès du temple aux barbiers, aux chirurgiens, à tous ceux qui n'avaient pas reçu le droit d'exercer suivant les formes consacrées ! Présents à cette séance, ils verraient que cette admirable statue se dresse pour glorifier le plus dangereux de leurs adversaires, un homme contre lequel ils ont combattu pendant vingt-cinq ans ; ils l'avaient si violemment terrassé que, pendant deux siècles, ils ont pu espérer que le silence dont ils avaient entouré son tombeau serait éternel.

Messieurs, parlant d'une histoire qui est si loin de nous par le temps et, plus encore, par les changements survenus dans les mœurs, les aspirations, les vues scientifiques, nous pouvons oublier les liens qui nous unissent à ces ancêtres, et, sans leur manquer de respect, nous devons proclamer la vérité, nous devons dire que les Facultés de Médecine actuelles dérivent plus de l'admirable conception de Théophraste Renaudot que de l'antique Faculté elle-même.

Il serait injuste de juger celle-ci par sa lutte contre ses ennemis, et, pour ne pas être trop sévère, il suffit de rappeler l'origine de la Faculté et le milieu dans lequel elle vivait. Qu'était-elle ? Une corporation qui avait eu le grand mérite de perpétuer, pendant des siècles de barbarie, la tradition médicale ; elle était un point lumineux dans l'ombre universelle. C'est sa gloire, et ce n'est pas le jour de la lui contester. Son but n'était pas de faire œuvre scientifique, mais de conserver intact le dépôt qui lui avait été confié. Elle ne jurait que par Galien ; ce qui était écrit dans ses livres était vérité, ce qui n'y était pas était erreur. Malheur à celui qui s'écartait de la foi défendue par les Docteurs et Régents de la rue de la Bucherie ! Pour eux, la science était faite, nul ne cherchait à en élargir les limites, on avait oublié le chemin de l'hôpital et celui des amphithéâtres de dissection.

Pour maintenir cette institution, les rois avaient dû lui accorder des privilèges, et l'effort commun était pour les conserver et les accroître. La Faculté obéissait à la loi commune. Une corporation se forme pour répondre à un besoin temporaire ; mais lorsqu'elle est souveraine, indépendante vis-à-vis du gouvernement et de l'opinion publique, elle est pour ainsi dire fermée à tout progrès, elle reste immuable quand tout se transforme autour d'elle. Elle a ses préjugés, ses passions. Ses haines sont plus implacables, ses vengeances plus cruelles que celles d'une personne réduite à ses propres forces. Dans la lutte, elle perd de vue la raison qui lui a donné naissance, elle n'a plus qu'un but : vivre et augmenter sa puissance.

Telle était la Faculté quand surgit Renaudot. Qu'était-il vis-à-vis d'elle ? Quelle Faculté voulait-il fonder ? Il était un simple docteur, reçu à Montpellier, car la Faculté de Paris n'accordait pas le bonnet doctoral à « ceux de la religion prétendue réformée » ; mais ce docteur était doué d'une énergie indomptable, il avait eu la conception nette d'une organisation sociale dans laquelle les pauvres gens trouveraient secours matériel et médical, et les médecins puiseraient dans l'étude des souffrances de ces malheureux, les moyens de connaître, non pas le texte de Galien, mais les maladies elles-mêmes.

Renaudot fut pour la Faculté un adversaire terrible parce qu'il n'était pas un rêveur, mais un organisateur admirable. Quels étaient ses moyens d'action, ceux qui le soutinrent dans la lutte ? La *Gazette.* Les vigoureux pamphlets dans lesquels il a fustigé ceux que Molière allait bientôt stigmatiser dans le *Malade imaginaire,* le Bureau de renseignements, les Consultations charitables et l'amitié du plus puissant des ministres qui aient gouverné la France, du cardinal de Richelieu.

Celui-ci avait compris qu'on ne peut laisser à une corporation fermée le soin d'enseigner la médecine et de faire des médecins ; et s'il avait vécu quelques mois de plus, la *Faculté d'Etat* était créée. Sa mort a retardé cette réforme d'un siècle et demi. L'antique Faculté de médecine a sombré le 18 août 1792, en même temps que les autres corporations.

Voyons maintenant le projet de Renaudot adopté par Richelieu. N'est-ce pas lui qui fonctionne aujourd'hui ?

Beaucoup des organes dont Renaudot voulait doter sa future Faculté sont encore très rudimentaires. Nous voulons étendre notre enseignement clinique : d'accord avec le Conseil municipal et le Conseil de l'Assistance publique, nous empruntons à Renaudot son système des consultations charitables, qui, pour lui, était la vraie source des études cliniques. Il avait étudié, au point de vue de l'enseignement, les moindres détails de cette création. Il s'était révélé comme un maître, dans le diagnostic des maladies par un livre : « la présence des absents », auquel sont joints des modèles de feuilles d'observation semblables à celles dont nous nous servons actuellement.

Il avait fondé des conférences scientifiques dans lesquelles les savants de l'époque, les médecins étrangers à la Faculté développaient les questions nouvelles. Les locaux étaient trop étroits, le nombre des conférenciers trop grand pour satisfaire aux curiosités mises en éveil. La Faculté désignait ces auditeurs et ces professeurs par un même vocable méprisant : elle les appelait « les ardens de l'Académie gazétique ».

Renaudot avait, en outre, créé un laboratoire de recherches et d'études sous le nom de « Fourneaux », où les apothicaires et les élèves étaient admis à préparer les drogues qu'ils n'étaient pas habitués à manipuler. Depuis combien de temps possédons-nous des laboratoires analogues ?

Il avait organisé des enquêteurs chargés de faire une perquisition sous main pour savoir si les choses portées au Mont-de-Piété ne sortaient pas d'un lieu infecté par quelque maladie contagieuse. Nous demandons une loi pour réaliser ce progrès.

La Faculté répondait à ces projets bienfaisants pour l'humanité et la science par des procès, par des anathèmes contre toutes les découvertes : circulation du sang, de la lymphe. Elle repoussait l'usage de l'opium, du quinquina, de l'antimoine ; elle faisait condamner, après sa mort, Guy de la Brosse, le fondateur du Jardin des Plantes.

Elle donnait à traiter des propositions de thèse parmi lesquelles je trouve :

« Peut-on, sans dommage pour la santé, manger deux fois du poisson le même jour ?

Doit-on soigner une jeune fille folle d'amour ?

Celui qui mange du miel et du beurre sait-il réprouver le mal et choisir le bien ? »

Messieurs,

Pour juger l'œuvre de Renaudot, son but et les moyens qu'il mit en usage pour l'atteindre, comparons l'accueil fait à deux des grandes découvertes médicales, l'une à son époque, l'autre de nos jours.

En 1622, Harvey donne la véritable formule de la circulation du sang. Un demi-siècle plus tard, la Faculté de médecine expulsait encore ceux qu'elle appelait dédaigneusement les « circulateurs ».

Les découvertes de M. Pasteur, applicables à la chirurgie, à la médecine et à l'hygiène, ne datent pas de quinze ans. Où sont leurs adversaires ?

Est-ce qu'au début la résistance n'a pas été formidable ? Qui de nous a perdu le souvenir des luttes soutenues à l'Académie de médecine ? Comment sont donc tombées les armes que ses contradicteurs opposaient à M. Pasteur ? Messieurs, grâce à celles que Renaudot avait mises en nos mains. A l'hôpital, la chirurgie a, par la clinique, montré aux plus incrédules la puissance de la méthode nouvelle. Dans les laboratoires entrevus par Renaudot, des milliers de savants de tous les pays ont contrôlé les résultats annoncés et les ont fécondés. Enfin, grâce à la Presse, fondée par Renaudot, la vérité, qui mettait un siècle à vaincre l'ignorance, a éclaté en quelques années.

La vie de Renaudot a été un drame. Il est mort « gueux comme un peintre », ainsi que le rappelaient ses ennemis, qui croyaient lui adresser une suprême injure. Déplorons les cruelles épreuves auxquelles Renaudot a été soumis ; mais ne le plaignons pas. Il a eu la vision nette du rôle que la médecine doit jouer dans notre société actuelle, il a brisé les vieux moules dans lesquels elle était enfermée ; toutes ses fondations nous sont arrivées intactes dans leur donnée première, preuve incontestable qu'il avait vu juste ; il laisse une œuvre admirable, née tout entière du génie d'un homme épris d'amour pour la science et les pauvres gens.

Je suis personnellement heureux que ce soit un de mes élèves, M. Gilles de la Tourette, qui ait fait revivre cette grande figure, et nous ait permis d'ajouter une page glorieuse à l'histoire de la médecine française.

DISCOURS

DE

M. CADET DE GASSICOURT

Au nom de l'Association de la Presse médicale et de la Société des Bureaux de Bienfaisance

Messieurs,

Je crois que depuis deux siècles on n'a jamais autant parlé qu'aujourd'hui de Théophraste Renaudot. La destinée de cet homme de bien a été singulière. Le bruit fait autour de lui pendant sa vie n'a eu d'égal que le silence qui a suivi sa mort. Il a vécu au milieu du vacarme des injures, et pas une voix ne s'est élevée plus tard pour lui rendre justice. Etait-il donc si en avant de son temps qu'il eût fallu plus de deux cents ans pour le comprendre ? En tout cas, nous tâchons de réparer le temps perdu, et plus nous fouillons cette curieuse physionomie, plus nous y trouvons de sujets d'étude.

Il vous semble peut-être que les précédents orateurs ont tout dit, et que je suis bien audacieux de prendre la parole après eux. Eh bien ! ce n'est pas mon avis, et je suis sûr d'avoir, pour moi, Renaudot lui-même. Serait-ce à cause de mon mérite ? Pas du tout ; c'est tout simplement parce que je suis médecin, et que Renaudot adorait la médecine. « La médecine, disait-il, est le centre de mon repos, c'est la masse de mon édifice. »

Aussi, quand M. Gilles de la Tourette, au nom de l'Association de la Presse médicale française, de la Société des médecins des bureaux de bienfaisance, est venu me proposer de dire quelques mots à l'inauguration de cette statue, je n'ai pas hésité à accepter son offre, malgré toutes les raisons de modestie personnelle qui m'auraient porté à la décliner.

Il est vrai que mon ami, M. Brouardel, vient de parler médecine, et, même, ne s'en est pas trop mal acquitté.

Seulement, de quoi vous a-t-il parlé ? Des idées scientifiques de Renaudot. Mais il ne vous a rien dit de son rôle, en apparence plus modeste, de médecin praticien ; et comme il était médecin jusqu'aux moelles, c'est à ce rôle-là qu'il attachait le plus de prix.

Avait-il tort ? Je ne le crois pas. Après tout, si Renaudot pouvait revivre, de quelle partie de son œuvre serait-il le plus fier ? Des bureaux de placement ? Je n'en veux pas médire ; mais bien des gens prétendent qu'ils laissent à désirer. Du journalisme ? Dieu me garde de m'attaquer à ce pouvoir redoutable ; mais Renaudot lui trouverait peut-être des imperfections. De l'enseignement libre de la médecine ? Mais il n'existe pas, et pour ma part, je n'en souhaite pas l'avènement. Tandis que ce que Renaudot a laissé de plus grand et de plus fécond est sorti tout entier de son cœur de médecin charitable : je veux dire les consultations gratuites et l'assistance à domicile. Mais, comment ces œuvres se sont-elles enchaînées les unes aux autres ?

Au premier abord, on n'aperçoit guère le lien commun entre tous les établissements disparates que réunissait la maison de la rue de la Calandre : une imprimerie, un bureau de placement, un Mont-de-Piété, un hôtel des Ventes, une Faculté libre de médecine, un dispensaire. L'explication en est précisément dans l'amour que Renaudot portait à son art, et dans ses préoccupations médicales constantes.

Elles s'étaient montrées presque dès la première heure, alors qu'à son premier établissement, il adjoignait des « Bureaux de vente à grâce, troques et rachats de meubles et autres biens quelconques ». Car il y interdisait formellement « de recevoir les tapisseries et autres hardes et meubles à vendre, si les dites choses sortaient d'un lieu infecté de quelque maladie contagieuse ».

Voilà une précaution d'hygiène qui dut bien étonner les hommes de son temps, car elle surprendrait encore étrangement ceux du nôtre. Est-il certain que dans le vaste monument de la rue Drouot, on se livre toujours à de semblables enquêtes, et que nos honorables commissaires-priseurs y soient fort soucieux d'éviter la dissémination des maladies contagieuses ?

Ainsi, les questions d'hygiène et de médecine étaient toujours présentes à l'esprit de Renaudot. Et il faut avouer que le spectacle qu'il avait constamment sous les yeux, tout près de la rue de la Calandre, n'était pas fait pour les lui laisser oublier.

On sait ce qu'était l'Hôtel-Dieu au commencement du XVIIe siècle ; tout le monde connaît ces salles lugubres où chaque lit recevait jusqu'à douze malades ; où les mourants et les morts étaient couchés pêle-mêle avec les vivants, où les maladies contagieuses régnaient en souveraines maîtresses. La description seule en est horrible. Et pourtant, la misère était si effroyable en France, et surtout à Paris, que ce cloaque immonde était regardé par les malheureux comme un asile enviable ; il fallait prendre des mesures sévères pour en défendre l'accès. Bien plus, une ordonnance du 31 août 1601 enjoignait aux gardiens d'exercer une surveillance rigoureuse sur les deux portes de l'hôpital : celle du parvis et celle du côté de l'eau, afin d'empêcher les misérables qui seraient renvoyés par l'une de rentrer par l'autre. Cet enfer était pour eux le Paradis perdu.

A tant de maux, les pouvoirs publics ne surent trouver d'autres remèdes que la rigueur. On expulsa les vagabonds, fainéants, caymans et caymandes, valides ou invalides qui n'étaient pas Parisiens, et l'on enferma ceux qui n'obéissaient pas à cet ordre d'exil.

Renaudot, lui, eut une autre idée ; déjà, avec son Bureau d'adresse et son Mont-de-Piété, il venait en aide aux indigents ; il songea à guérir les malades au lieu de les emprisonner. Alors, ce fut un tolle général contre cet impertinent novateur, contre cet ennemi de toute bonne doctrine, qui se permettait de s'insurger contre la loi en secourant les pauvres artisans et autres menues gens malades. La Faculté de Paris voulait même lui interdire d'exercer la médecine. Mais notre homme était tenace ; il ne se découragea pas.

D'abord, il commença insidieusement par composer un petit livre qu'il intitula : « *Les Consultations charitables pour les pauvres malades* » ; et il le dédia à Mgr de Noyers, conseiller d'Etat. C'était habile ; puis, dans la dédicace, il appela ce même seigneur, l'homme le plus charitable de France. Pour le coup, Mgr de Noyers devint son protecteur. Le 2 septembre 1640, les Consultations charitables étaient autorisées.

Elles commencèrent à fonctionner immédiatement, car Renaudot avait tout organisé d'avance. Et elles fonctionnèrent si admirablement, qu'aujourd'hui encore, elles pourraient servir de modèles. Ni les consultations gratuites de nos hôpitaux, ni celles de nos dispensaires ne sont aussi bien outillées. Tous les mardis d'abord, tous les jours bientôt, la grande salle du Bureau d'adresse s'ouvrait au public pendant plusieurs heures. Quinze médecins environ, y étaient réunis ; chacun d'eux s'asseyait à une table. Les malades se présentaient devant eux. Si le cas était simple, le médecin donnait son avis, et délivrait l'ordonnance ; s'il était complexe, tous les médecins présents se réunissaient en consultation et rédigeaient en commun une ordonnance motivée, qu'ils remettaient au malade. Dans l'une et l'autre circonstance, celui-ci se rendait près de l'un des apothicaires attachés à l'établissement et en recevait le remède tout préparé, ou près d'un des chirurgiens qui pratiquait la partie manuelle de la prescription. Ne trouvez-vous pas, messieurs, que Renaudot pourrait encore être notre maître ?

Et pourtant il n'était pas satisfait. Il y avait de pauvres diables, et en grand nombre, que leur faiblesse, ou la gravité de leur mal, empêchait de se rendre aux consultations charitables. Il organisa, à leur intention, les visites à domicile ; et pour cette œuvre nouvelle, il trouva encore des collaborateurs.

Que manquait-il à l'établissement créé par Renaudot pour être une assistance publique complète munie de tous ses organes ? Une seule chose : un hôpital. Il voulut en bâtir un, et il demanda au roi la permission de l'édifier dans le quartier le plus populeux et le plus misérable de Paris, au faubourg Saint-Antoine. Il touchait au but ; l'autorisation de construire allait être accordée ; la fortune l'abandonna. A ce moment même il perdit ses deux protecteurs : Richelieu et Louis XIII. Livré à ses ennemis par la Régente Anne d'Autriche, il fut condamné sur tous les points par le Châtelet. Sa carrière était finie : elle avait été brillante, surtout elle avait été utile, grâce à ses grandes qualités d'administrateur et à son absolu désintéressement. Car cet homme qui était entré dans la vie avec une fortune, mourut, selon le mot de Guy Patin, « *gueux comme un peintre* ».

Il mourut gueux et fut vite oublié, même par ceux qu'il avait tant aimés : les pauvres et les malades. Mais son œuvre lui a survécu, adoptée par ses ennemis eux-mêmes, et l'Assistance publique tout entière vit aujourd'hui des idées de Théophraste Renaudot.

Au nom de la Faculté de médecine et de l'Association des amis de l'Université de Montpellier, M. le professeur Grasset prononce le discours suivant :

DISCOURS
DE
M. LE PROFESSEUR GRASSET

MONSIEUR LE PRÉSIDENT,
MESDAMES, MESSIEURS,

Vous avez gracieusement pensé que la fête de sa réhabilitation ne serait pas complète pour Renaudot, s'il n'apercevait pas parmi vous, aujourd'hui, quelques représentants des anciens maîtres qui le firent docteur en médecine, le 12 juillet 1606, et quelques amis de l'Université de Montpellier.

Parti de Loudun, la patrie d'adoption des diables de l'époque, il était venu à Montpellier, parce que notre école, à côté de son renom scientifique, avait, plus que toute autre, des habitudes de large libéralisme et des traditions de haute tolérance, séduisante pour ce huguenot, qui portait les souvenirs du XVIe siècle au début du XVIIe.

Il vint à Montpellier comme, trois quarts de siècle plus tôt, Rabelais y était venu, loin des *sorbonicoles* et des *sorbonigènes*, étudier en paix la vie, la médecine et surtout la liberté dans le travail.

Et l'on peut dire que Renaudot puisa chez nous cet amour du neuf et du vrai, cette audace pour le bien, ce mépris du préjugé traditionnel qui ont fait de lui le précurseur méconnu des novateurs modernes les plus avancés.

C'est à Montpellier qu'il apprit à être et qu'il devint l'ami et le défenseur des faibles, des minorités, de tous les vaincus, lui, qui devait être, pendant toute sa vie, un grand et glorieux vaincu.

Il y apprend d'abord à aimer et à défendre les vaincus de la science officielle, les chimistes, qui durent soutenir une guerre de cent ans pour faire réformer les premiers arrêts du Parlement et de la Faculté contre ce malheureux antimoine, condamné à guérir le grand Roi pour obtenir son permis de vivre.

Il y apprend encore à aimer et à défendre les vaincus de la maladie ; et c'est pour garder le droit de les secourir, même à Paris, qu'il lutte si longuement, qu'il fonde ses admirables consultations charitables et qu'il reçoit tant de horions.

Puis il défend et cherche à relever les vaincus de la société en écrivant le Traité des pauvres et en instituant les Bureaux d'adresses, les Monts-de-Piété.

Et enfin n'est-ce pas aux vaincus de tous les despotismes et de toutes les tyrannies qu'il pensait, quand il a créé la presse, cette arme des faibles, des opprimés, qui, en assurant à tous le grand contrôle de la publicité, rend impossibles, tant qu'elle reste libre et indépendante, les longues erreurs et les oppressions tenaces ?

Ne vous semble-t-il pas, Messieurs, que sur le socle de cette belle statue on eût pu justement inscrire cette fière et encourageante devise : *Gloria victis !*

Car Renaudot n'a pas seulement voué sa vie entière à la défense des vaincus ; il a lui-même compté, on peut le dire, toutes les étapes de sa vie par des défaites.

Vaincu par les Parlements, vaincu par les écoles officielles, vaincu par l'opinion, par les gouvernements, par les pamphlétistes, par la maladie, il meurt gueux comme un peintre, après avoir fondé des institutions qui ont, depuis, manié et dirigé tant de millions.

Et aujourd'hui ce grand vaincu est triomphateur. La science officielle, les Parlements, le gouvernement, tous ses ennemis, tous ses vainqueurs d'autrefois se sont coalisés pour lui élever une statue. Et ils ont voulu que l'ancienne Université de Montpellier, associée jadis aux défaites de Renaudot, assistât aujourd'hui à son triomphe.

La Faculté de Médecine de Montpellier, reconnaissante de votre appel, est heureuse de joindre sa modeste voix aux vôtres pour crier aux jeunes qui restent la passion des vieux universitaires comme nous : « Si jamais, dans les luttes quotidiennes de la vie, vous sentiez le découragement ou la désespérance faire le siège de votre âme, élevez votre regard vers la statue de Renaudot ; vous y lirez que la force ne prime rien, que le droit fait tout et que, quelles que soient les défaites d'un jour, la victoire définitive, la vraie, la seule, est toujours à l'individualité puissante qui cherche le bien de tous par le travail personnel et indépendant ».

A la fin de la cérémonie, M. Charles Dupuy remet les insignes de la Légion d'honneur à M. le docteur Gilles de la Tourette, médecin des hôpitaux de Paris, secrétaire général du Comité (1).

(1) Le Comité adresse ses remerciements à M. P. Gélis-Didot, directeur de l'*Art pour tous*, et à M. Motteroz, qui ont gracieusement offert les épreuves de la gravure qui orne cette brochure.

POITIERS — TYP. OUDIN ET Cie

www.ingramcontent.com/pod-product-compliance
Ingram Content Group UK Ltd.
Pitfield, Milton Keynes, MK11 3LW, UK
UKHW021132230726
13926UKWH00002B/740